lbe

MOSKAU

OPA

ASIEN

PEKING

TOKIO

Rauchschwalbe

Japan-Rauchschwalbe

INDISCHER

OZEAN

PAZIFIK

Libanon-Rauchschwalbe

AUSTRALIEN

CANBERRA

Die Ankunft der Schwalben bedeutet für uns, dass der Frühling beginnt … Oder der Herbst? … Das hängt ganz davon ab, wo wir leben. Die Flugrouten der Zugvögel verbinden alle Kontinente und der am besten erkennbare Vogel der Welt ist die Rauchschwalbe.

Dieses Buch wurde klimaneutral produziert.

Originaltitel:
Journey above the Earth. Diary of a Swallow

Erste Auflage 2022
Deutsche Erstausgabe
© der deutschsprachigen Ausgabe
Insel Verlag Anton Kippenberg GmbH & Co. KG, Berlin, 2022
© Text: Pavel Kvartalnov 2019, Illustrationen: Olga Ptashnik 2019
Alle Rechte vorbehalten. Wir behalten uns auch eine Nutzung
des Werks für Text und Data Mining im Sinne von § 446 UrhG vor.
Die Übersetzungsrechte wurden vermittelt
von der VeroK Agency, Barcelona.
Umschlaggestaltung: Olga Ptashnik
Druck: optimal media GmbH, Röbel/Müritz
Printed in Germany
ISBN 978-3-458-17999-3

www.insel-verlag.de

REISE ÜBER DIE WELT

DAS TAGEBUCH EINER SCHWALBE

OLGA PTASHNIK
PAVEL KVARTALNOV

Aus dem Englischen
von Kathrin Köller

Das ist Irland, meine Heimat. Hier wurden schon meine Eltern geboren. Da sind sie. Sie fliegen hoch oben am Himmel. Wir Schwalben haben's echt gut. Wir können uns die wunderschönen Wiesen und weißen Schafe von oben angucken.

Und hier bin ich mit meinen Geschwistern.
Unser Leben begann in einem Nest
unter einem Schuppendach.

Am Anfang war
ich nur ein Eigelb.
Mein Essen und
ich waren unzer-
trennlich.

In dem Ei, das Mama
gelegt hatte, fühlte
ich mich sicher und
beschützt.

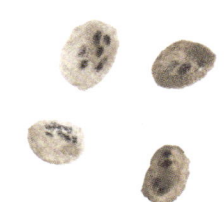

Genau wie
meine Geschwister.
So sahen wir
vier aus.

Durch das leckere
und nahrhafte
Eigelb wuchs ich
schnell.

In der zweiten Woche
holte ich tief Luft und
war bereit, aus dem
Ei zu schlüpfen.

Schließlich knackte
ich die Schale.
Geschafft!

Aber ich war noch
10 Tage lang nackt
und blind.

Doch endlich öff-
neten sich meine
Augen und ich
bekam die ersten
Federn.

Drei Wochen später
sehe ich jetzt schon
erwachsen aus.
Nur mein Schwanz ist
noch nicht so lang.

15. JUNI

Hurra! Wir haben unser Nest verlassen und fliegen zusammen mit anderen Schwalben in einem großen Schwarm. Es macht total Spaß, auf den Leitungen zu sitzen und Mücken zu fangen. Ist nicht so einfach am Anfang, aber wir müssen es lernen, um zu überleben. In ein paar Monaten kommt der Herbst und im Winter sind wir Schwalben weg.

Lange rätselten die Leute, was wir im Winter machen. Manche dachten, dass wir uns in Löchern verstecken würden. Oder dass wir die Winter in Seen oder im Meer unter Wasser verbringen oder federleicht zum Mond schweben würden. Heute wissen die Menschen, dass wir Tausende Kilometer weit wegfliegen.

Der Aufbruch ans andere Ende der Welt rückt näher.
Menschen machen sich vor einer langen Reise oft Sorgen.
Auch Vögel sind nervös.
Wir Schwalben brauchen allerdings keine Karten.
Wir wissen, wohin wir fliegen müssen. Man sagt, dass sich
die Routen von Schwalben aus verschiedenen Ländern
während der Migration im Winter kreuzen. Das wird
bestimmt nett, Schwalben von woanders kennenzulernen.

15. AUGUST

6,5 km/h

65 km/h

50 km/h

900 km/h

100 km/h

50 km/h

50 km/h

Los geht's. Wir fliegen, so schnell wir können, und sogar noch schneller, ins Warme! Schau mal, wie schön es da unten ist. Wir kommen am Big Ben und am Eiffelturm vorbei.

Der Flug über den Kanal war nicht einfach, aber wir haben
es geschafft und jetzt können wir endlich fressen. Schau mal,
wie viele Mücken es hier gibt! Der Regen kommt, die Mücken
fliegen tief und ich fang sie mir kurz über dem Boden.
Jetzt weiß ich, dass meine spitzen Flügel mich schnell machen.
Mein langer Schwanz ist gut, um scharfe Kurven zu fliegen.
Und mein breiter Schnabel ist dafür gemacht, dass ich nicht
eine einzige Mücke verpasse. Lecker!

15. SEPTEMBER

Ich steige nicht gerne so hoch in die Lüfte,
aber nur so kommen wir über die Pyrenäen.
Es ist gefährlich, über die schneebedeckten Gipfel
zu fliegen, und alle Schwalben suchen nach dem einfachsten Weg.
Wow, sind wir viele!

In der Ferne scheint sich eine Straße durch die Berge zu schlängeln. Dort fahren Autos und müde Esel schleppen sich vorwärts. Alle möglichen Vögel fliegen über ihren Köpfen und Libellen, Schmetterlinge und sogar Fliegen summen herum! Wir alle wollen nach Süden, wo das Wetter besser ist.

17. SEPTEMBER

Wir haben es geschafft,
wir haben die Berge überflogen!
Jetzt können wir uns ausruhen und durch die Luft
gleiten – über die Seen der warmen Parks von Madrid.
Wie schön der Glaspalast ist! Aber wir müssen
vorsichtig sein, dass wir nicht hineinknallen.

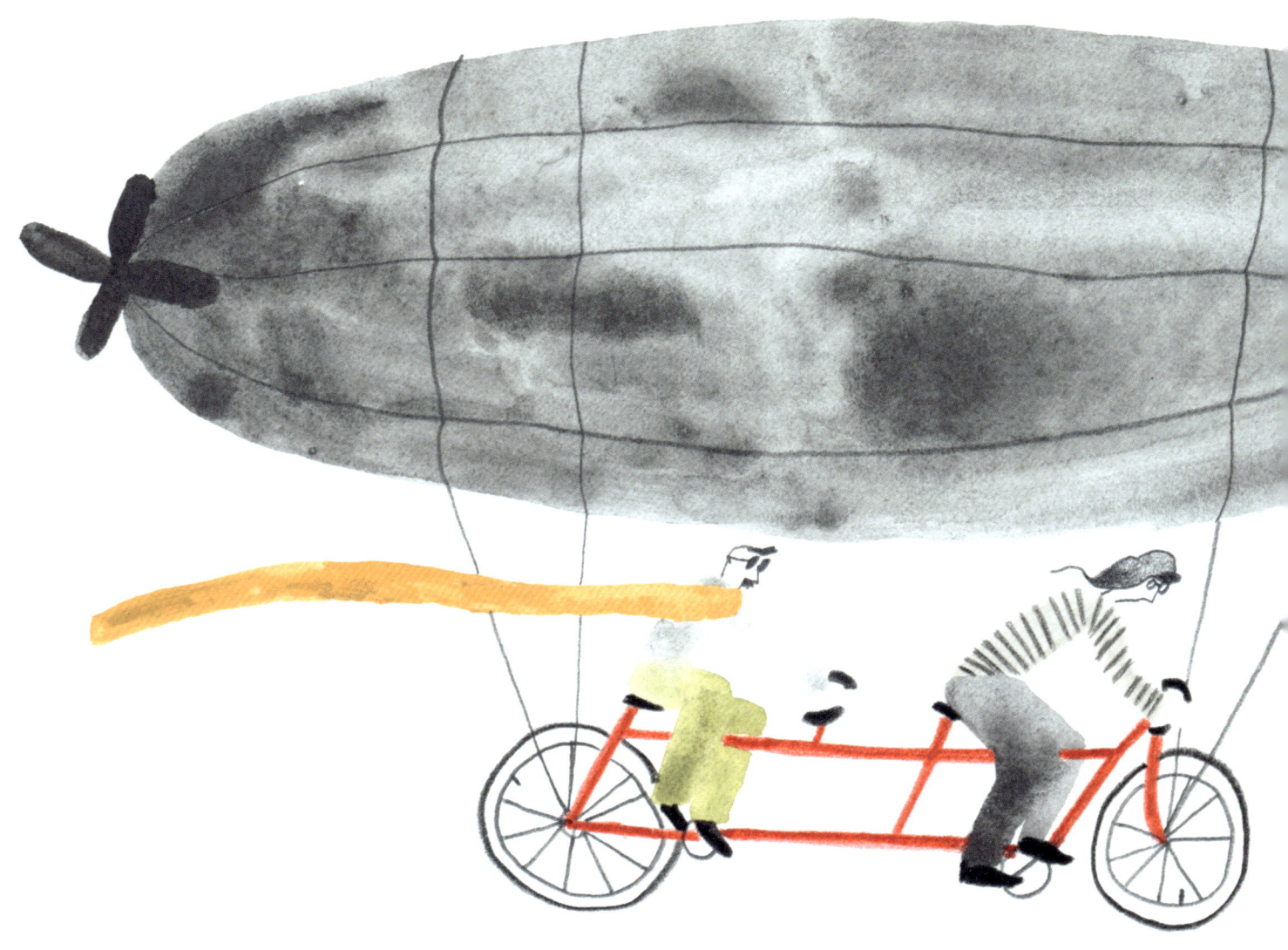

Beim Fliegen werden wir von Flugzeugen überholt.
Sie fliegen viel höher und schneller als wir Vögel!
Aber ich bin froh, eine Schwalbe zu sein.
Menschen füllen Treibstoff in ihre Flugzeuge. Wenn sie
nur auch so fliegen und sich von Mücken ernähren könnten
wie ich! Seit Jahrhunderten sehnen sich die Menschen danach,
in den Himmel aufzusteigen und so wie wir in der Luft zu
schweben, aber keine Chance. Egal, was für starke Flügel
die Menschen auch erfunden haben, sie haben nicht die Kraft,
ohne Treibstoff in die Luft zu steigen.
Wir Vögel sind darin supergut!

20. SEPTEMBER

Hier fliegen wir gerade nach Afrika. Es ist nur eine kurze Strecke über das Meer, aber es sind so viele Falken unterwegs. Sie sind auf der Jagd nach müden, kleinen Vögeln.

Ein Falke hat es auf mich abgesehen, aber glücklicherweise erwischt er nur eine Feder.

21.SEPTEMBER

Wir fliegen wieder über eine Stadt, aber Marrakesch sieht nicht aus
wie die Städte in Europa. Es gibt keine grünen Bäume und die Haus-
dächer sind brennend heiß von der Sonne. Gut ist, dass es hier jede
Menge zu fressen gibt: Die warme Luft treibt all die Mücken nach
oben, sodass sie einfach zu fangen sind. Jetzt bin ich echt satt.

25. SEPTEMBER

Hier kommt wieder ein Meer, aber diesmal ist es ein Meer aus Sand.
Wir Schwalben sind hervorragende Piloten. Wir können locker
die Sahara überfliegen. Da wäre ich nicht gerne ein schwacher
Vogel – keine Chance, sich in der Wüste zwischendurch mal auszu-
ruhen. Geleitet durch die Sonne und die Sterne finden wir unseren
Weg. Wir können uns an Flüsse und Städte, die wir gesehen haben,
erinnern. Und selbst wenn wir nichts sehen können, benutzen wir
unseren Kopf als Kompass.

Endlich können wir uns ausruhen. Es wird Nacht und wir lassen
uns mitten im Schilf nieder, sodass uns keine Raubvögel erwischen.
Die Wüste ist nah, die Nächte sind kalt hier. Wir kuscheln uns
aneinander. Und dann schlafen wir ein ...

Wer lebt wohl in diesem Wald?,
frage ich mich.
Was für Tiere? Was für Vogelarten?
Von hier oben aus dem Himmel können
wir nichts sehen – alles ist bedeckt
von dichten Baumkronen.
Es ist unheimlich, in den Wald einzutauchen.
Was, wenn etwas nach uns schnappt?

5. OKTOBER

Über die Savanne zu fliegen, erinnert mich an mein Heimatland.
Das gleiche Gras, wenn auch trocken und verdorrt, und schmale
Bäume ... Allerdings grasen hier Zebras und Antilopen, keine Schafe
Aber sie scheuchen genauso die Mücken aus dem Gras, was super is
Ich sehe Schwalben aus Italien, Spanien, Griechenland. Sie werden
den ganzen Winter hier verbringen, aber ich muss noch weiter fliege
Für mich ist dies noch nicht
das Ende der Reise.

Noch weitere zehn Tage und dann haben wir endlich
das südlichste Afrika erreicht! Ich sehe, wie meine Eltern
und all die anderen Schwalben sich entspannen. Es bedeutet,
dass die Reise vorbei ist und wir wieder Kraft sammeln können.
Wir verlieren auch unsere Federn, die nach der langen Reise
ziemlich ausgefranst sind. Zuerst fand ich das unheimlich,
aber jetzt merke ich, dass mir stattdessen neue Federn wachsen.
Selbst meine verlorene Schwanzfeder ist nachgewachsen.

Ein Vogel kann nämlich nicht ohne Federn leben.
Daunenfedern halten uns warm.
Deckfedern schützen uns vor dem Regen und
erleichtern das Gleiten.
Haarfedern sehen wie ganz feine Haare aus –
sie nehmen die Vibrationen der Luft auf und
helfen dem Vogel sich zu orientieren.
Borstenartige Federn schützen unsere Augen.

Auf den Flügeln wachsen Schwungfedern.
Sie sind an der Hand und am Vorderarm des
Vogels befestigt. Sie ermöglichen uns zu fliegen.
Die Hauptschwanzfedern sind notwendig,
damit wir in der Luft die Balance halten können.

Schon April! Zeit, zurück in meine Heimat zu fliegen.
Es ist nicht leicht, über die bewegte Nordsee und durch
das stürmische Wetter zu kommen. Ich kann kaum was sehen!
Wieso haben wir nur den warmen Süden verlassen? Es waren
einfach zu viele Vögel in Afrika und wir bekamen nicht mehr
genügend Futter. Obwohl es dort noch Winter ist, beeilen sich
die Vögel, bald den Norden zu erreichen. Ich auch. Es ist ein
langer Weg und diese Strecke erneut zu fliegen, ist so anstrengend,
aber mit den ersten Frühlingstagen sollten wir zurück im schönen
Irland sein. In den Wintermonaten bin ich kräftiger geworden und
ich kämpfe entschlossen gegen den Sturm, aber er ist so stark,
dass er mich in alle Richtungen bläst. Ich muss mich, so gut es
geht, halten, damit ich nicht ins Wasser falle.

20. APRIL

Die letzten Tage waren anstrengend, aber jetzt ist der Sturm vorbei. Ich bin wieder trocken und schaue mich um. Was ist das da vorne denn für ein Bauernhof? Es sieht nicht aus wie bei uns daheim, aber es gefällt mir. Das hier ist Holland. Soll ich weiterfliegen?

Oh, wer bist du denn da neben mir?
Tanzt und singst du für mich? Ich glaube, hier bleibe ich ...

Schau mal, wie viele Freunde ich auf meiner Reise getroffen habe!
Findest du sie in meinem Tagebuch?

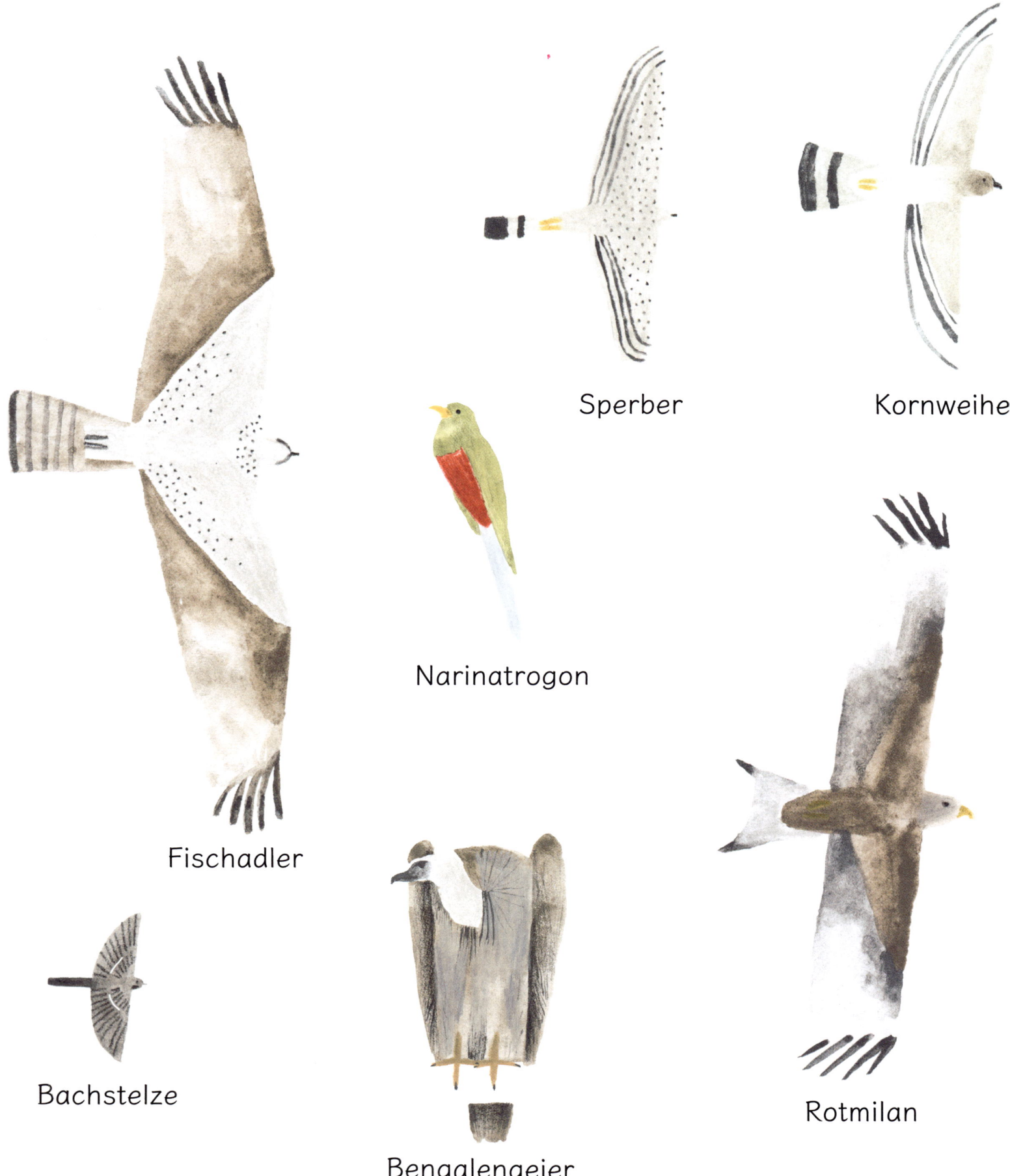

Sperber

Kornweihe

Narinatrogon

Fischadler

Bachstelze

Bengalengeier

Rotmilan

Wanderfalke

Schlangenadler

Angolapitta

Wespenbussard

Sekretär

Eleonorenfalke

Kapsturmvogel

Ringeltaube

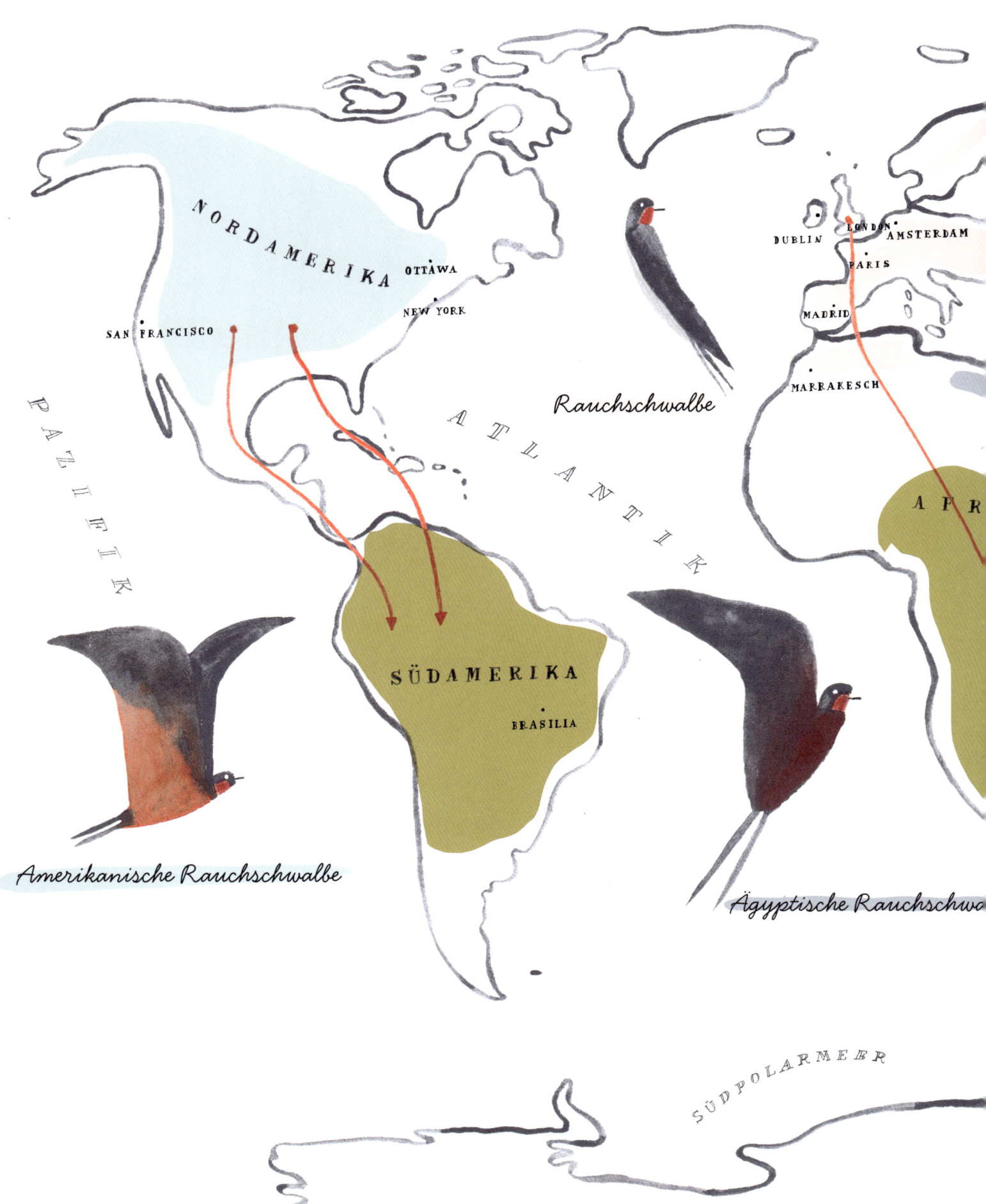

NORDAMERIKA

OTTAWA

NEW YORK

SAN FRANCISCO

PAZIFIK

ATLANTIK

Rauchschwalbe

DUBLIN

LONDON · AMSTERDAM

PARIS

MADRID

MARRAKESCH

AFR

SÜDAMERIKA

BRASILIA

Amerikanische Rauchschwalbe

Ägyptische Rauchschwa

SÜDPOLARMEER